WALIAU'N CANU

Waliau'n Canu

Ifor ap Glyn

I Trevor

Argraffiad cyntaf: 2011

ⓗ Ifor ap Glyn/Gwasg Carreg Gwalch

Rhif rhyngwladol: 978-1-84527-340-8

Mae'r cyhoeddwr yn cydnabod cefnogaeth ariannol
Cyngor Llyfrau Cymru

Cynllun clawr: Sion Ilar

Cyhoeddwyd gan Wasg Carreg Gwalch,
12 Iard yr Orsaf, Llanrwst, Conwy, LL26 0EH.
Ffôn: 01492 642031 Ffacs: 01492 641502
e-bost: llyfrau@carreg-gwalch.com
lle ar y we: www.carreg-gwalch.com

Diolchiadau

Crëwyd rhai o'r cerddi yma ar y cyd hefo plant pan oeddwn yn Fardd Plant 2008-9, ac ar ôl hynny ... diolch iddynt am bob ysbrydoliaeth.

Ymddangosodd nifer o gerddi eraill ar Dalwrn y Beirdd, a diolch i Gerallt Lloyd Owen a'r BBC am yr ysgogiad. Diolch hefyd i nghyd-aelodau yn nhîm Caernarfon, Emlyn Gomer, Robin Ifans, Geraint Lovgreen ac Ifan Prys (heb anghofio Llinos Angharad a'r diweddar Gwyn Erfyl), am sawl noson ddifyr yn yr Alex, ac ar y Talwrn.

Ac yn olaf, diolch i Myrddin, Geraint, Twm, Mei, Sned a Nows a'r diweddar annwyl Iwan Llwyd, am gwmnïaeth a bendithion pob taith a fu ... ac a fydd.

Lluniau:

Sioned Llewelyn Jones: tud. 18,20,27,29,70,75,76,78, 87,91,102,104
Archif Sgrin a Sain Genedlaethol Cymru: tud. 23
Llyfrgell Cyngres: tud. 32,34,37,38,41,42,44,45,47,49
Imperial War Museum: tud. 62,64
Y clawr a gweddill y lluniau gan yr awdur

Mynegai

Gwers

(3.3.11)

Trwy hedfan dros Gymru
mae dysgu ei charu;
hongian yn araf uwch ei phen,
ei hadnabod o onglau anghyfarwydd.

Ac rhwng cellwair y cymylau blew geifr,
dyma benrhyn Llŷn,
fel llawes a dorchwyd ar frys.

Dyma gaeau'n gotymau blêr
am ddirgelwch y mynydd,
wedi'u pwytho'n gain gan y cloddiau.

Dyma lechi'n domenni
wedi'u cribo o'r tir,
fel ôl bysedd drwy'r tywod,

a llynnoedd bychain llachar
fel mannau geni cyfrin
yn haul yr hwyr.

Ac wrth drwyno ffenest yr awyren heno
mae'r gwefusau'n mynnu adrodd
pader yr enwau,

'Dyfi Junction, Cors Fochno ...'
a'th anadl fel siffrwd carwr dros ei chorff,
'Dowlais, Penrhys, Gilfach Goch ...'

Ac wrth iddi gau'i swildod dan len,
mae cysgod yr awyren
yn symud fel croes dros y cymylau gwynion,

yn sws ar lythyr caru'r oesau,

yn bleidlais betrus dros ei pharhad ...

Modryb

(Comisiynwyd gan y Bevan Foundation,
i ddathlu trigeinmlwyddiant
y Gwasanaeth Iechyd Genedlaethol, 1948-2008)

(i)
Ym more oes fy modryb,
a'r hen ganrif yn bedyddio to newydd
ar eirch eu tadau,
daeth yn amser iddi fynd
yn llaw ei mam i Gaernarfon
ar antur.

Hithau'n sgipio fel sgalpel o bwyllog
o flaen gofid ei mam;
a'r dwthwn hwnnw i gapel Moreia y daethant
a chymeryd ohonynt eu lle mewn ciw ...

Tu fewn i'r festri,
roedd hi'n Ypres heb y gynnau,
cyllyll yn berwi lle bu'r Beiblau;
eneinio byrddau â charbolic nid adnodau,
gwenoliaid ffedogau starts
lle bu syberwch siwtiau brain
yn gwagio'r platiau casglu dur
o'u hoffrwm gwaed.

A phan ddaeth tro fy modryb fach,
sylwai cyn swatio dan gwrlid nwy,
fod yr haul yn glaf a'i belydrau musgrell
yn methu cuddio dawns y llwch ...

canys dyna oedd trefn esgor clefyd
i deuluoedd chwarel yn eu hadfyd;
cynilo ceiniogau cyn gwâdd gŵr
fu'n hogi'i sgiliau mewn dinas bell;
bwrw'r draul, cyn y driniaeth,
os nad y gofid,
a chymeryd ohonynt eu lle mewn ciw ...

(ii)
dadebru ... llwnc yn llosgi
hercio'n llipa o'r festri
yng nghesail ei mam ...

bws p'nawn o'r Maes
a'r sêt yn ei sgytio;
lliain dan ei gên i ddal y gwaed,

heb ddeall yr oglau diarth ar ei gwynt,
heb awydd rhoi bys yn yr angar' ar y ffenest
i oeri'r niwl yn ei phen;

merlyn a throl cymydog
i'w chwfwr ym Mhenllyn
i'w hebrwng fyny'r allt
nôl adra i Fachwen,
ac adferiad araf iawn ...

(iii)
eleni yn hwyrddydd ei hoes
bydd fy modryb yn dathlu, drwy dynnu cataracts
mor hawdd a thynnu'i staes
'mewn ac allan mewn diwrnod 'sti'

nid adlais o'r hen dlodi mo hyn
ond y goleuni yn y gwyll,
gwaddol bwysica chwyldro'r pedwar dega;
a'n golud yn ein gwendid.

'Braf arna'i heb orfod poeni dim –
fy ngofid mwya yw dal bws deg'

ac wrth iddi ganu'n iach â'i phroblem,
cofiwn o ba wlad y daethom
a'r straeon am festrioedd ein gorffennol;

cofiwn Bevan,
a welodd dân gwahanol yn y berth
a diolchwn am gael troedio yn ei sgil
balasau ein gwellhâd.

Cannwyll anghyflawn

*(Silindr cwyr gyda recordiad o Evan Roberts
yn arwain cyfarfod yn ystod Diwygiad 1904-5)*

... dyma gannwyll anghyflawn
a'r llais
sy'n weindio'n gylchoedd o'i chwmpas,
yn llosgi yn nychymyg yr hil o hyd;

llais gwaredigol
yn gaddo ein golchi
(er bod rhyddmau londri y silindr hwn
yn bygwth ei foddi);

llais nodwydd
sy'n cyson hercian dros y craciau,
mewn ail iaith,
wrth ddringo i'w ddiwygiol hwyliau ...

... ac erys y cyfarfod cwyr hwn
ar ei hanner
hyd dragwyddoldeb ...

Stadiwm Oer y Mileniwm

Cymru v. y Ffindir 10.9.03

A ninnau yn yr entrychion,
yn y seti Subbuteo,
daeth 'stluman
a hedfan y math o onglau
yr hoffem eu gweld gan Giggs.

Dan y to,
oedd yn cau'r nos allan,
sydd i fod i droi'r cae yn drydan,
dyma ryfeddu eto
at sut mae'r stadiwm
fel hen agor,
yn sugno'r sŵn ohonom.

Cadeirlan ein cenedl
yn dychryn ein teyrngarwch gyda'i maint?
Ei seti'n ein cyngerdd-barchuso
rhag llafarganu a bloeddio
a ninnau'n ymbellhau
rhag y rhyfel ar y cae

fel 'stluman yn y nos …

Barnwr

(Ar achlysur agor Llysoedd newydd Caernarfon)

Er y daw ef i'n rhoi o dan – y cledd
   sydd fel clo i'r cyfan,
  y rheithgor biau'r glorian
  a'n braint yw fod pawb â'i ran.

Gwylanod pedair awr ar hugain

Yn yr awyr uwchben y noson neon,
wele ysbrydion yn herio'r dychymyg ...

Ar y stryd ddi-draffig,
mae rhith yn glanio'n wylan – realaeth,
yn crymanu ei hadenydd, dad-lapio sgrech,

ac yna'n sglaffio'i 'sglyfaeth nos
o bizza meddw a sglodion llawr,
canys hithau a'i hil sy biau Caernarfon ...

      * * *

Drannoeth pan ddaw'r boregodwyr,
bydd nadu blin gwylanod blêr
yn clymu'r awyr o gwmpas pennau'r
pererinion swyddfa,
yn damaid bygythiol
i aros pryd ...

Canys pan fo'r haul yn ei anterth,
gwyn eu byd y gwylanod
yn barcuta'n ddiniwed,
yn bell bell i fyny,

gwyn eu byd
uwchlaw'r heigiau dwygoes blonegog,
y cerrynt dynol
sy'n llenwi culfor Stryd Llyn ...

gwyn eu byd ar drothwy defod y dydd ...

achos dyna pryd y plymiant
i bysgota bechdan,
neu i hawlio hufen iâ
o ddwylo syn yr anadeiniog rai ...

Yna bydd y pnawn yn hedfan i'r hwyr
a hwythau'n nythu'r nos
ar glogwyni Salem a Woolworths,
yn rhan o dragwyddoldeb y dre ...

       * * *

Liw nos, ar y stryd ddi-draffig,
daw hyder yn ôl i 'ngherddediad,

nes i rith lanio'n wylan – realaeth,
grymanu'i hadenydd, dad-lapio sgrech,
cwestiynu sŵn fy nhraed hwyr
ag osgo pen ...

Ac mae rhyw ias
yn cerdded fy nghroen
pan mae'n syllu wysg ei hochr,
a byd crwn o ddiffyg teimlad
yn ei llygad,

gwelaf y gwylliaid yn ymgynnull,
yn dod mewn o'r cyrion i hawlio'n byd –
a minnau'n llywaeth yn mynd o'r tu arall heibio ...

ond fory,
bob 'fory,
ar fy hwyrol hynt
i'r dafarn ddi-wylan

bydd wastad un,
yn hongian uwch fy mhen,
fel croes fygythiol yn y nen.

Tomenydd

(Chwarel Dinorwig)

Tomenydd fel tonnau
wedi rhewi ar y tir;

ond tyfu wnaethan nhw
fesul wagenaid,
malwenna ar draws y moelydd;

mynd yn dewach gyda'r degawdau,
ymestyn yn araf
yn llond eu crwyn caregog;

gwichian y wagen
a'r crynu ar y cledrau
yn deffro'r domen,

cyn tipio'r cyfan;
dwndwr cerrig gwastraff
fel cawod drom

a chwmwl o lwch,
fel 'tai'r domen yn torri gwynt,
yn goron ar bryd arall.

Ein teidiau
fu'n porthi'r anghenfilod hyn.
Heddiw maen nhw'n llonydd,

fel trwynau cychod wedi'u troi ar gyfer y gaeaf,
yn disgwyl yn ofer
am y gwanwyn na ddaw.

(gyda phlant blwyddyn 5, Ysgol Dolbadarn)

'1912 overture' – Ysgol Beddgelert

(Bydd canmlwyddiant yr adeilad presennol yn 2012;
roedd fy nhaid yn un o'r disgyblion pan agorwyd o.)

Tai prysur y pentre
yn poeri plant i'r glaw,
i'r lôn ddi-geir;

mae sŵn eu sgidiau hoelion mawr
yn ymuno'n soprano
hefo alto pedolau ceffyl a throl.

Yna, cloch soniarus yr ysgol newydd
yn torri ar yr alaw,
ac yn creu *crescendo* traed
cyn clep y drws yn cau …

Mae'r plant yn rhannu'n dair ffrwd,
yn llifo'n ddiferol i'w lle;
'babies; infants; a Standard Un i Saith'

Cotiau wedi'u tynnu
yn stemian o flaen y tân;
oglau lledar tamp;
chwys plant a sebon coch.

Mae'r pensiliau'n gwichian
wrth sgwennu ar lechan,

a'r plant hŷn a'u pinnau
yn gwneud eu gorau glas,
a'u bysedd yn glaf
gan frech yr inc.

Dyma oglau grefi'n cyhoeddi cinio
a melodi dyddiol y cyllyll a'r ffyrc;
dyma resi siacedi brethyn,
ffrogiau a phinaffôr,
yn bwyta ar ryddmau gwahanol,
cyn canu'u tablau fel un côr
yn ôl yn nosbarth y p'nawn;

a dyma o'r diwedd, gloch ola'r dydd.
Cadach dros y bwrdd du;
cadw'r llechi;
a gweddi frysiog
cyn gwisgo'u capiau stabal
a rhuthro drwy'r drws
gan redeg yn rhydd.

Mae'r glaw wedi peidio
a'r plant unwaith eto
yn cael cynhyrfu'r p'nawn;
nes bod tai tawel y pentre
yn llyncu'u sŵn yn ôl.

(gyda blwyddyn 3-6 Ysgol Beddgelert)

Gwrthod

(gyda diolch i Geoff Charles am ei ddarlun hyfryd o Cybi a Freddie Grant yn ffilm yr Etifeddiaeth)

… Mae'r cerrig yn gweiddi
o gylch drws gwag tŷ Cybi gynt;
eiddew'n nadreddu'i groeso ansicr
ar draws llawr ei gegin …

Ble'r gŵr gynigiai'n gyndyn
ei ddysg yng ngolau dydd,
a'i lyfrau'n wincio'n yr haul?

Ble'r gwas a addawodd
ddolen annisgwyl
i gadwyn hir yr etifeddiaeth hon?

Ble'r llygad a'u gwelasai
drigain mlynedd yn ôl,
gan ddal i'w gweld
ar sgrîn ddall ei gof?

... Mae yma hanner canrif o wacter
a minnau'n bererin ffilm
yn ffroeni'r huddyg tamp,
lle bu'r tân yn llosgi ym meddyliau Cybi;
nes gweld fy hun ar gyrion ddoe
yn eistedd yn rhy bell o'r fflam.

... Ac er bod y cerrig yn sibrwd yn ofnus
am wres canolog i fusutors,
am chwipio'r waliau, *velux* i'r to,

rhaid cefnu ar yr adfail,
ymryddhau o'i swyn;
a 'nhraed,
drwy'r garped garlleg gwyllt
yn edliw'r ddoe a fu, i 'nhrwyn ...

Campfa Russ Williams, Caerwys

(Cyn-bencampwr byd a hyfforddwr bocsio Thai)

Gorau dwrn, dwrn sy'n agor
yn blodeuo'n hael,
yn hau'i gelfyddyd.

Daw cannoedd beunydd i gyfarch gwell
i *sensei* sir y Fflint
mor wydn ag enw ei fro,

yr ysbryd â morthwyl yn ei law
a gordd yn ei ddwygoes,
yn olwyno'n gyfrwys ar draws y cylch;

ond os yw ei ddyrnau'n bistonau cur
a'i ddwygoes megis pladur,
mae ynddo fonedd.

Uchelwr cyfoes, uchel ei barch,
yn rhannu'i grefft hyd machludo ei nerth.
Gorau dwrn, dwrn sy'n agor ...

Dau Fwrras, Wrecsam

(i Pat a John Parry, Plas ym Mwrras,
a theulu Koumas, y Borras Fish Bar, Wrecsam.
Bûm yn y ddau le yn olrhain taith glera Rhys Cain)

I Blas ym Mwrras oedd fy mwriad
ond dau Fwrras a fu ers oes cyn co,
Bwrras Riffri a Bwrras Hwfa ddoe;
heddiw Bwrras Blas a Bwrras y cul de sacs
sydd wedi llyncu'r caeau;
Bwrras y Werin
ar drothwy'r Bwrras oedd yn gynefin
i Rys Cain gynt.

Yma, lle bu'r byrddau'n drwm o groeso,
câi yntau sugno cregyn wystrys,
blasu gwynt ar ffurf meringue,
neu gloriannu englynion
ei noddwr Owain Brereton,
cyn mireinio'r wledd
a'i gywydd yntau.

Draw ym Mwrras y werin heddiw
mae'r Borras Fish Bar yn cynnig
beiau gwaharddedig mewn batter,
a'i gownter yn boethlwythog
o groeso gwahanol;

ond mae eto urddas, megis cynt,
i berchennog tafarn datws,
(sydd â'i gefnder Jason Koumas,
ymhlith dewiniaid y byd cicio gwynt!).

Nôl yn y plas,
chwythodd noddwyr newydd i'r neuaddau hyn,
a'r hen le'n cydio'n dyner ynddynt.
Daeth teulu Parry a'u haelioni i Fwrras,
rhoi acen newydd ar groeso cynnes.
I fardd o Gymro, bu yma newid byd,
ond yr un yw'r croeso'n y ddau Fwrras o hyd.

Ar ddechrau tymor newydd

(I Rhiannon, Morfa Nefyn)

Nid tymor yr ail-angori
mo'r ha' ym Morfa i mi …

yn dwp haerllug fel grugieir,
dod a wna'r cychod a'r ceir
yn rhaff hir o du draw'r ffin,
yn barêd lawr lôn Bridin.

Onid nhw sy'n gwneud ein haf?
Ein ffenics, bob Gorffennaf?
Ai gwegian pan y gwagia
a wnawn? Yr ateb yw: 'na!'

Daw gaeaf. Ond nid gwywo
yn brudd wna bywyd ein bro;
cyfnod pan atgyfodwn
yw'r gaea' ym Morfa, m'wn!

Nid tymor yr ail-angori
mo'r ha' ym Morfa i mi …

Er yn llwm, bwrlwm ein byd
wna haf o'n gaeaf hefyd.

Ffarwelio

(er cof am Dilys)

Nid wrth erchwyn gwely y mae ffarwelio,
yn yr oriau cryf,
a'r stafell megis yn goleuo
gyda diolch olaf, gwasgu llaw,
y ffeirio einioes mewn ennyd o edrychiad;

nac ychwaith yn 'dring dring' yr angau pell,
a'r llais bach
yn hercian brawddegu,
a'r dagrau'n codi goslef ambell sill ...

Nid mewn c'nebrwng tŷ y mae ffarwelio,
a chwiban y gwynt
rhwng dannedd y drws,
a'r arch yn y lobi
yn barod at ei daith;

nac ychwaith ar lan y bedd,
a geiriau'r gweinidog
yn ymladd â'r ddrycin
wrth geisio tawelu'r storm oddi fewn ...

Ddoe,
heddiw,
ac yfory eto
y mae ffarwelio;

yn y crio sydd yn codi pwys;
yn y galar hir
fel stwmp ar stumog,

y rhannu atgofion fel bara brith
sy'n briwsioni rhwng ein bysedd;

yn yr hiraeth mawr a chreulon;
ond gwisgwn ein tynged fel coron …

27.7.10

Milwyr y Mericia Gymraeg
(ar drywydd dynion 1861-5)

*Yn ystod y degawd diwethaf, dwi wedi ymweld droeon â'r
Unol Daleithiau yng nghwmni'r Athro Jerry Hunter, er mwyn
ffilmio cyfresi yn ymwneud â hanes y Cymry a ymfudodd yno
mewn canrifoedd a fu. Amcangyfrifir fod cynifer â deng mil o
Gymry wedi ymladd dros eu gwlad newydd yn ystod Rhyfel
Cartref America. Dyma gyfres o gerddi i'n hatgoffa amdanynt
ac am y frwydr barhaol i sicrhau cyfartaledd i'r dyn du.*

1) Camp Obama

(Louisiana 2008)

Wedi p'nawn hir yn rhyfeddu'n swrth
at y plastai mawrion â'r colofnau gwynion,
(beddrodau cyfoeth yn llygad yr haul),

daeth niwl ar lannau'r Mississippi gyda'r hwyr,
y pontydd fel ysbrydion pell
a'r arwyddion neon yn nofio,
wedi gollwng angor o'r strydoedd islaw ...

Ac ar y teledu, yn ôl yn y gwesty,
daeth hud ar genedl gyfan
ac ymgollais yn y jiwbili fawr,
wrth i ddyn o'r hen gyfandir
gynnig ei obeithion powld
i genedl gyfan gyndyn,
o wynion a chyngaethion ...

Ond ar sianel arall,
yng nghannwyll llygad rhyw stadiwm bêl-droed
gwelais gewri duon
yn hyt-hyt-hyrddio'n chwyrn i'w gilydd,
ac enwau fy hil innau,
yn Evans a Griffiths a Davis a Jones
yn warthnod ar eu gwarrau llydan ...

A phan gwyd yr hud, pan dawdd y niwl,
camp i'r mab darogan hwn
roi cnawd am esgyrn etholiad,
chwythu anadl i'r gobeithion powld,
ac impio croen yfory
ar greithiau ddoe ...

... ond gwn y bydd yn cerdded
â breuddwydion sawl gwlad
yn cynnal ei draed,
a'n hewyllys yn llusern ar ei lwybr.

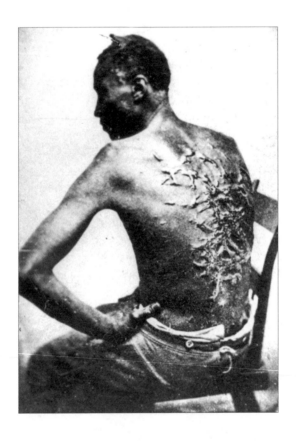

2) Dechrau'r daith

(Efrog Newydd 2002)

Sgrech ellyll o'r injan jet,
ac ymwahanaf â'r llawr;

codaf o fyd lle mae rhacs plastig hen fagiau
yn dwrdio'r gwynt, ynghrog ar gangau,

byd sydd â banciau a fferyllfeydd *drive-thru*,
i ni droi yn ein cylchoedd yn gynt,

byd sy'n barcôdio ein llygaid llo
hefo holl inciau'r enfys ...

Ehedaf
trwy fachlud y Mericia Gymraeg
i geisio adfer cof am fyd symlach,
ar drywydd olion rhyfel brwnt ...

3) Recriwtio'n Ty'n Rhos,

(Ohio, 1861)

Daethant o'r caeau newydd,
lle bu bwyeill eu tadau'n canu yn y coed
genhedlaeth arloesol ynghynt ...

    (heddiw, mae'r caeau'n fforestydd drachefn,
    yn cuddio'r cartrefi trailer)

Daethant o'r trefi bychain,
lle roedd carnau ceffylau
yn gweu patrymau yn nhawelwch y dydd ...

    (heddiw, weiars pry cop ar draws yr awyr
    sydd yn gludo eneidiau ynghyd)

Daethant o'r capeli caban pren
a'r anghydffurfiaeth alltud
oedd yn eu llenwi a'u llythrenogi ...

    (heddiw, mewn llythrennau sinema:
    'God accepts knee-mail')

Daethant at lannau afon Ohio,
rhannu Beiblau, a chanu'n iach,
wrth i'r cychod olwyno'n fras
a hwythau ar antur oes,
yn ffroeni'r awel newydd fel gwin drud.

4) Llythyr Adre

(Camp Falmouth, Virginia, 1862)

'Evan, wedi ei alw i fod yn filwr,
trwy orchymyn Abe,
at ei wraig, yr hon sydd yn Granville'

... dyma gabledd o epistol na allaf ei gwblhau ...

Gwrandawaf ar y glaw ar ganfas,
yn disgwyl gwawr wlyb arall
fydd yn tanio peswch byddin gyfan;

Yr wyf yn oer, a'm hemosiynau'n breuo ...

Beth yw trydan dy groen mewn gwely plu
a'th ddwylo fel menyg croen myn ar fy nghefn?

Dim ond plisgyn brawddeg
a minnau'n oer, yn potelu chwys oer,
yn yfed rhaeadrau o gwrw-pan-ga-i,
nes fod sglein ar fy ngwep
a noson ddi-freuddwyd o'm blaen

heb gyfeillion Antietam yn gwmni ...

y meirwon â llygaid yn blodeuo dros eu cyrff,
yn gweiddi'n fud,
ac yn piso mewn poen,
drachefn a thrachefn yn fy mhen ...

5) Carchar Rhyfel

(Andersonville, Georgia, 1864)

Mae oernad hwter trên y nos
yn 'nelu o hyd tua Andersonville
yn filltir a hanner o olwynion
ailadroddus, ailadroddus, ailadroddus.

Mae'r nos yn ddall …

a thrannoeth, rhaid mynd
fel y milwyr gynt, i ben y daith.

Sesbin casineb fu'n gwasgu'r dynion
fesul dengmil rhwng magwyrydd
y gorlan garchar hon, heb flewyn o gysgod
rhag haul angheuol Georgia
fu'n bridio bacteria o'r crindir cras,
ac o ddyfroedd domlyd yr unig nant,
ac o'r bara prin oedd yn berwi o gynrhon.

Yma, yn yr awyr lethol, leithboeth
fu'n hir mewn ffroenau eraill o'ch blaen,
bu angau'n amlhau.

Mae'n oeri cyn storom,
a chlywaf daran anniddig o hir

wrth gyrraedd y beddi gwyn
ailadroddus, ailadroddus, ailadroddus,
a guddiwyd rhag gwg y dre;

a'u cerrig mor agos â dannedd perffaith,
am fod dynion a sgerbydwyd cyn trengi,
yn cymryd llai o le …

6) Cyn Brwydr

(Cold Harbor, Virginia, 1864)

Mae'r nos yn llawn dynion;
maen nhw'n gwybod ...

rhai'n gweddïo, rhai'n 'sgwennu adre
rhai'n gorwedd yn llorweddol eisoes
yn arbrofi ag ebargofiant ...

Mae llam y fflamau'n lluchio
siapiau melyn dros y milwyr;
mae rhai'n gwnïo'u henwau ar eu cotiau ...

Maen nhw'n gwybod ...

yfory bydd y caeau'n llawn cyrff.

7) Dilyn John Griffith Jones

(Jefferson Parish, Louisiana, 1864)

"Coed yw meddyliau Duw":
heddiw'n llipa, a'r haul yn jig-so symudliw ara'
ar wyneb gwres y swamp …

Caf innau gwch i drwyna drwy'i dirgelwch,
llithro trwy'r corsydd cynnes a'u llenni mwsog
lle bu yntau'n bracsu'n chwys brethyn,
yn mesur peryg ym mhellter y nadredd,
yn rhyfeddu at gyfarth y *'gators*,
a'r swamp yn bowltis o bydredd am ei goesau.

Mae'i lythyrau gennym o hyd, fel rhyw gymuned goll ...
o Grand Gulf i Black River; o Vicksburg i fan hyn.

Mae'u papur yn tywyllu gan storom yn fy mhen;
gwaeddaf ar draws y degawdau,
ond nid yw'n clywed dim,
yn baglu o hyd i'w sgarmes ola
wedi tair blynedd boeth o ryfela,
a'i wyneb yn newid fel llwynog o haul;

hogyn ysgol Sul o Wisconsin
yn gelain-goch ar ei ochr, yn syllu fel pysgodyn
fil o filltiroedd o'i gartra
dan goed y swamp yn Louisiana.

8) Yr Orymdaith Fawreddog

(Pennsylvania Avenue, Washington, 1865)

Safai Brady â chamera parod
i rewi'r dymestl o ryddhad;

y byddinoedd buddugol yn gorymdeithio,
blodau fel llygaid yn gawodydd arnynt,
Pennsylvania Avenue yn lifrai Mai.

Ond methodd y dechnoleg â dal y byw,
y milwyr yn toddi heibio, yn ysbrydion cyn eu hamser
fel y rhai a briddwyd eisoes.

Camgymeriad campus o lun,
mewn gwlad sy'n dal i fartsio tua rhyw dragwyddoldeb llac,
gan anwybyddu'r beddi y tu draw i'r Potomac.

9) Tu draw i'r Potomac

(Mynwent Arlington, Virginia)

Mae adlais yn y rhesi beddi hyn
o'r lluoedd yn cysgu fel llwyau
yn ffosydd y gaea' gynt;
claddwyd sawl fory fa'ma.

Ychydig a welem o'u tyrchu i'r wyneb:
ambell fwled fel marblen mewn penglog,
ambell fraich neu goes ar goll,

ond 'eu henwau'n perarogli sydd',
yn Hopkins a Parry, Matthias a Jones;
prynasant gywilydd eu cefndryd du.

10) Fort Sumter, De Carolina

Dan y *palmettos* trofannol,
mae'r pelicaniaid yn plymio'n flêr,
yn bombardio'r pysgod yn harbwr Charleston.

Yma, fel y gwyddys, oedd y tanio at ynys
fu'n gychwyn i'r gyflafan;
yma bu'r caethfeistri yn eu rhwysg cyn hynny;
yma troes meibion y Gaethglud yn filwyr dros yr Iawn;
yma bu delfrydau'n troi tu min
ac egwyddor yn foddfa o waed ...

Beth, tybed sydd yma 'nawr?

Dwi'n croesi at yr ynys,
a'i baneri'n clepian uwch ein pennau,
ac yn crwydro'r adfeilion cymen
yng nghwmni llond cwch o blant du,
trip Ysgol Sul o ddiniweidrwydd,
er bod brawd mawr ambell un
heddiw'n Ercwlff yn y Gwlff
... yn gwnïo ei enw ar ei grys ...

Ond dyw'r plant ddim yn gwybod.
Does dim brys ...

Trown yn ôl at y tir mawr,
gan ryfeddu at y pelicaniaid
a physgod fel fflachiadau cleddyfau,
yn dal i hoywi i lawr eu gyddfau.

11) Diwedd y Daith

(Efrog Newydd, 2008)

Mae 'na ffilmiau mud o'r feterans ola
â'u barfau llaeswyn, ar y strydoedd hyn,
yn anelu ffyn cerdded fel gynnau

i ddifyrru plant du a gwyn y tridegau;
hen deidiau, yn mynd trwy'u pethau
...ond mae'r feteran ola wedi hen farw ...

Glaniaf yn ôl, a'r heddiw Americanaidd
yn datod clymau'r ddoe Gymraeg ...

Mae'n nosi yn Efrog Newydd;
ac mae coed Central Park yn ferw o frain
aflonydd o ôl-gyfalafol ...

Mae'n nosi'n Wisconsin a Kansas;
mae lleisiau'r diaspora'n distewi,
a gweddw hanes heb neb i'w thrafod heddiw ...

Tua'r gorllewin, mae'n nosi;
ac ofer i holl inciau'r enfys
geisio gwyrdroi gogoniant y gwyll hwn ...

David Y. Davis

Lieut. John Roberts

John Lloyd

Edward S. Evans

Wythnos yn Ohio Fydd

(i Mary Kirkendall; symudodd ei theulu
o Gymru i Ohio yn y 19eg ganrif)

Nid oes yno goed;
bu'r Cymry'n clirio'u dirgelwch
a'r tir yn bridio Americanwyr o Gardis ...

A hithau Mary'n olrhain ei thras
drwy dair cenhedlaeth,
yr olaf, mae'n debyg, â'n hiaith ar ei min ...

Cawsom 'Pnawn da' wrth y drws
ond yna'r iaith fain ...
ai'r gwres oedd yn llethu'i Chymraeg?

Roedd hi'n fwll yn y *trailer home*,
ac awyr ei hystafell yn estyniad trymaidd
o Fehefin Jackson County.
Roedd chwys yn perlio ar y gwydrau *iced tea*
a hefyd ar ei harlais.

Ond ni fu Cymraeg rhyngddi hi a neb
ers marw ei mam.
Ai ofer ein siwrnai ...?

Cadwai dâp casét o lais ei mam
mewn cwpwrdd gwydr gyda'i thrugareddau:
llun ei hwyres yn graddio;
cofrodd o drip i Ashland, Kentucky;
fe'i hestynnodd a'i gloi yng ngheg y peiriant
a gollwng seiniau ugain mlynedd yn ôl
i'r ystafell ...

'Gwyn ei fyd y gŵr na rodia ...
-we used to recite that at family reunions'
'Dwmbwr dambar yn y siambar
Jwmp dros y cloddie, jwmp dros y ci-e'
A hithau'n cydadrodd y cyfan fel pader
ac yn gwenu wrth i'w gwefusau
gyd-symud trwy Hen Wlad Fy Nhadau
'Gwlad, gwlad, bloeddio wyf i'm gwlad'
a chŵn ar y tâp yn cyfarth o'r bedd
dros 'Bydded i'r heniaith barhau'.

Hi yw Arglwyddes Ola Ohio:
ei breichiau'n frown gan aeaf Florida,
blodau'r fynwent yn gymysg â'i lliw haul,
a'i llygaid yn ifanc tu ôl i'w sbectol tylluan,
yn ddelwedd annisgwyl o ddiwedd iaith.

Diwrnod yn Kampala – bechgyn y stryd

(Gyda blwyddyn 6 Ysgol Gymraeg Aberystwyth)

Yng nghornel iard y rheilffordd
cysga'r bechgyn mewn papur newydd llipa
fel anrhegion blêr i ddiwrnod arall,
yn gwingo'n y gwyll ar waelod hen wagen
a'u cefnau'n dost.

Mwg o'r trenau
ac olwynion ar gledrau sy'n eu deffro.
Stretsio.
Oglau chwys o gesail.
Golchi ceg hefo dŵr rhydlyd
o danc injan stêm.

Brysio gyda'r haul newydd
at ruthr y farchnad.
Gorymdaith loriau'n troi'n dagfa draffig.
Goleuadau coch. Brecio'n swnllyd.
Bananas yn disgyn
yn glewt o gefn lori.

A'r bechgyn
fel piod
yn cipio'r trysor melys i'w gwerthu,

gan gadw llygad barcud
am yrrwyr lori blin,
y cwsmeriaid prin
a gelynion y gyfraith.

Weithiau rhaid ffoi rhag yr heddlu,
rhag cael eu curo,
rhag cael eu carcharu dros dro;
a bydd lliwiau'r farchnad yn blyrio i gyd
wrth wibio bant fel wildebeest,
a llwch y stryd yn diflannu dan draed.

Wrth iddi nosi,
gall y bechgyn bori'n ddiogel
ar reis, matoke neu cassava,[1]
ac os bydd llond poced o elw'r dydd,
gallant fwyta cig,
â blas buddugoliaeth
yn tynnu dŵr o'r dannedd.

A chyn cysgu,
rhaid lapio'u hunain eto
fel anrhegion i'w postio
at yfory ...

---

[1] *(Mae cassava yn blanhigyn gyda gwreiddyn bwytadwy, ac mae matoke yn cael ei wneud drwy stemian plantain gwyrdd, math o ffrwyth sy'n edrych yn debyg i fanana)*

i Namrata Gupta

(tywysydd rhagorol ar daith ffilmio ar hyd Afon Ganga yn yr India, Mehefin 2007)

Os am ddarganfod Swami,
neu gunga pu-ja-ri-ji,
tie-dye (!), neu le bwyta da –
Mae'r ateb gan Namrata.

Be bynnag grëa banic:
– y gyrru sâl; gŵr o Sikh;
slob tew'n pallu dweud "ta-ta" –
Mae'r ateb gan Namrata.

Hi'r allwedd, â rhyw allu
slic i agor drysau lu.
Hi'r iaith ar ein taith drwy'r tir;
hi'n fanwl pan ofynnir
am Hindi, neu am India;
hi'n boleit, a'n holi'n bla;
hi'n bont, wnâi bopeth i'n budd;
hi'n oleuni cyflwynydd …

Ingol oedd gadael Ganga,
Mor bêr oedd ei dyfroedd da,
ond wylaf heno'n Delhi
ail Ganga'n lli, hebddi hi.

Hunllef yw colli 'nghanllaw;
yn glaf, rwy'n llefain y glaw …
ond nôl yng ngwlad fy nhadau
allai hi fy llwyr wellhau;
a ddaw hi cyn diwedd ha'?
Mae'r ateb gan Namrata!

(Yn 2003 mi fûm i yng ngwlad Pwyl yng nghwmni Mei Mac ac Arwyn Groe, er mwyn cyflwyno ein gwaith ym Mhrifysgol Lublin, lle dysgir y Gymraeg fel un o'r pynciau.)

Żubrfeirdd

(Ystyr 'żubr' yw 'byffalo',
ac mae'n enw ar fath o gwrw Pwylaidd)

Heno, 'dan ni'n żubrfeirdd,
yn clera'n syn mewn gwlad newydd;
mae clec ein cynghanedd
ymhob llwnc.

Mae rhyw ethos ac aestheteg yn hyn,
a'r żubrfeirdd yn ateb ei gilydd
fel deupen llinell yn pontio gwacter.

Mae dau mewn rownd yn gwpled,
tri'n gynghanedd sain,
a'r pedwar heno'n englyn,
'eneidiau byw cywreindeb iaith'.

Heno, 'dan ni'n żubrfeirdd;
mae cytseiniaid y p'nawn a'r nos yn cloi
mor dynn â chroes o gyswllt,
a gwenoliaid ein geiriau yn gweu trwy'r awyr ...

Achos mae lluniau mewn cwrw żubr,
(er bod angen llwy i gorddi'r nwy ohono,
a chreu trobwll o ryddhad
yng ngenau'r gwydr!)

Y żubr yw'r gwynt yn hwyliau ein sgwrs,
a'r petrol i'n delfrydiaeth,
pan fo honno'n tanio ar dri ...

Ac yn y bars lle mae Pwyliaid yn methu byw
heb ymborth barhaus i'r clustiau
(boed cimbalon neu'u Radio One)

bydd y żubrfeirdd yn dawel gyda'i gilydd
yn gweithio cynghanedd,
yn creu patrymau newydd,

cyn canu'r caswir Cymraeg
a cheisio cysur Pwylaidd,
mewn byd sy'n bengoll a gwreiddgoll i gyd.

Heno 'dan ni'n żubrfeirdd!
Ac mae'r Gymraeg ar gefn ei byffalo,
yn gyrru am y gorwel newydd ...

Cario cerddi i wlad Pwyl

(i Aled Llion)

i)
Litwo, ojczyzno moja, ty jesteś jak zdrowie ...
(Lithuania, fy mamwlad, ti sydd megis iachâd i mi ...)

Rhyfedd fel mae'i hengerdd hwytha
hefyd yn hanu o Hen Ogledd
sydd wedi hen fynd ...

Bu sawl ceiliog estron yma o'n blaen
yn clochdar ar domen gwlad Pwyl;
'talwrn Ewrop' yw gwastatiroedd eu gwlad,
a'r fusutors dwytha 'di gadael palas Sofietaidd
i gosi cesail wybren Warszawa

mae'r ambarels cochion o'i gwmpas
yn gomiwnyddol gyfarwydd
er bod nhw'n arddel rhyw neges newydd.

A rhyfedd gweld Coca Cola gyfuwch
a'r gomiwnyddiaeth gynt,
oedd fel cyfrwy ar fuwch.

Mae drysau'r wlad hon yn agor i ni,
a ninnau'n cario ein cerddi ...

ii)
Aethom heb fap eu hiaith,
dim ond hwyl diniwed swreal-iaith,
paratoad pitw mewn plên
i'n tywys trwy'r goedwig cytseiniaid
sy'n tagu brawddegau'r Bwyleg;

Potrzebna żarówka dla mojej gołąbki
(dwi angen bylb gola i nghloman)

Przepraszam, pięć wiewiórek z lodówki!
(Pum gwiwer yn syth o'r ffrij – rwan!)

er ein bod ni'n myngial a manglo'u hiaith
wrth gyrraedd pen y daith yn y Babel Lubelski
wrth godi pontydd dychymyg
mewn ieithoedd dirifedi;

gan amhras
od zaraz
(heb os) mae Pwyliaid yn troi'n Geltiaid;
ac mae hen ieithoedd gorllewinol
yn gwisgo acenion dwyreiniol,
a genod Lublin yn rhaffu ansoddeiriau ar ôl y gig:
'anhiwgoel', 'ardderchoc', 'bendigedic'!

iii)
Drannoeth y darllen
awn heibio'r gwerthwyr blodau
a melinau gwynt plastig yng ngheg y porth,
i grombil yr hen dre;

ac yma wrth droedio'r hen strydoedd tlws
lle mae carreg drws yn orsedd
i wylio cwrs y byd,
mae tri yn ceisio sgriblo
cerddi i'w cario nôl

i ddathlu sut mae tridiau hyd yn oed,
yn medru dod â dyn at ei goed
a phwyleiddio
rhyw fymryn ar Gymro,
mewn dinas lle mae'r drysau
ar agor led y pen.

Llety

(Soyécourt)

Dim ond ogof
yng nghrombil sialc y Somme,
a hydref llynedd
yn lluwch dros ei llawr o hyd...

Dim ond atgof
mai yma cyflogodd Fritz
i weini tymor,
a llwybrau'r pererinion
yn troedio'u parch i'r pridd
wrth ei ddôr.

Yma bu'n coedio'r waliau llwm,
ond nid at y gaea';
yma mewn byd â'i ben i lawr,
bu'n hulio'i nyth at storom ha',
rhag rhyferthwy'r magnelau
a'u rhu fel mil o drenau'n
rhwygo'r awyr.

Ac yntau'n was da a ffyddlon
crynai, a gwingai,
a'i isfyd yn ysgwyd
bum niwrnod a phum noson,
hyd oni ddaeth y tawelwch i'w fyddaru.

Yna efe a frysiodd i fyny'r grisiau
gyda'i bladur ar ei gefn,
wedi ymwregysu at ei waith,
yn dianc o'i nos
ond yn mynd â'r nos i'w ganlyn,

nes cysgai celanedd
yn llydan nifer
a lleufer yn eu llygaid,
a'r weiran yn eu clymu
yn ysgubau blêr ...

cyn disgyn yn ei ludded
o'r golau
yn ôl i'w wâl.

Heddiw, a chwysi'r caeau draw
wedi'u cribo'n ofalus dros greithiau ddoe
a choed y dugout wedi pydru'n ddim,
dim ond ogof sydd
yn sialc y Somme,
ei cheg yn sgrech fud
– ac mae rhywfaint o'i nos yn aros o'i mewn.

Sul y Cofio

(12.11.06)

Wrth frysio heibio'r polion lamp
a thrwy oerfel y twneli
lle mae dwyieithrwydd y llwyth yn troi tu min,

(Julie is a Hwr;
Covis Dre Rule;
Stephen is a Cock Owen)

dyma groesi dwy fileniwm rhwng y tai tlawd
â'r ffrijus a matresi yn tyfu'n y gerddi.

Yno roedd y plant yn chwarae rhyfel,
wrth ddisgwyl y dynion yn ôl o'r Legion
lle maen nhw'n talu'u medd neu'u Marstons

a bûm innau'r Sul hwnnw
yn gwylio'r hogia'n martsio'r Cofio
drwy'r strydoedd lawr i'r Maes ...

Ac wrth gerdded y llain sydd rhwng dau farics
ar gyrion gwyntog dwy ymherodraeth,
Cil Peblig, Caer Seiont a Sgubs

gyda golau'r pnawn yn pylu am dri,
ni allwn lai na dechrau canu
Gwarchan Caernarfon
y Sul y Cofio hwnnw,

i dref hen y Gododdin newydd,
yn meddwi'n barchus mewn siwtiau brain
er cof am ryfelwyr y llwyth.

Y Tyst

Yn lle sefyll yn gyfysgwydd â'r lleill
a chysgu â lleufer yn fy llygaid,
dewisais yr hunllef hon.

Mae fy ngherdd yn llosgi y tu mewn i mi
rhag tywyllwch yr hyn a welais.

Mae fy ngherdd yn nod Cain ar fy nalcen
'Roedd hwnna hefo nhw …
ond daeth ynta'n ôl'

Mae fy ngherdd yn dyst,
yn sibrydion celwyddog yn eich clust,

achos roeddwn i yno,
i chwithau gael syllu'n farus
drwy rwyllwaith fy nhystiolaeth;

yn Hillsborough yn tynnu lluniau,
yn lle tynnu'r trueiniaid o'r wasgfa;

yn Aberfan yn holi'r rhai a wylai'n hidl
yn lle crafu â'm hewinedd yn y llaid;

yng Nghoed Mametz yn sgwennu at y mamau,
'Bu farw'ch mab yn arwrol … ac yn sydyn
wrth ymosod yn ddewr ar ffos y gelyn'

(Ond fe'i gwelais yn gwingo'n hir ar weiren angau
a pheirianddryll yn ei ridyllu,
a'i ddillad isa fel stwffin drwy'i lifrai,

a minnau'n ddiymadferth pan ferthyrwyd ef
ond oeddwn, roeddwn i yno,
yng Nghatraeth pob cenhedlaeth)

Mae fy ngherdd yn Jiwdas yn fy ngenau.
Dwi'n gorfod byw hefo'r hyn a welais
A'm hanallu i'w gyfleu.

Dwi'n anrhydeddu'r meirw â'm methiant;
Dwi'n gorfod byw. Dwi'n dyst.

Hwiangerdd

(2010)

Ugain Rhagfyr yn ôl,
ar ôl i'r gyllell ei rwygo o'r groth,
ar ôl i'r seren gilio o'r nos,
daeth Tangnefedd bore'r Ŵyl,
a chanai fel Mair i'w mab newydd,
yn dawel ar ei bron.

'cwsg am dro, cwsg am dro'

Ar y degfed Nadolig
a chymylau'r awyr fel artecs blêr
daeth gwên y mab
fel haul llwynog yn diolch am ei feic.

Ac wele'i beneliniau'n crymanu'n ofer
wrth fethu arafu'r allt,
a chanai hithau eto
y noson honno, i wella'i ddoluriau.

'cwsg am dro, cwsg am dro'

Eleni daw'r cymdogion a'u hanrhegion;
cacan blat; tun o *peaches*;
'bydd gynnoch chi bobl yn galw'.
Daw carolau ar y radio
o anialwch Helmand bell
– a'i mab hithau gartre'n gynnar.

Ac yn hwyr y nos, tu ôl i'r cyrtansia,
pan does neb yn gwrando,
a hithau'n siglo'i hun yn awr,
daw ing newydd i'r hen hwiangerdd;

'cwsg, cwsg, cwsg.'

Dant

Rhaid bod yn dawel wrth agosáu
at ddrws y stafell nesa …
ond mae'r bychan yn mynnu hwylio
nôl a mlaen ar draws y gegin wag,
a'i fys yn grwca yn ei geg.

Mae'n dysgu ei ddant
i wneud tin dros ben,
ac isio dangos i Dad;
ond rhaid bod yn dawel wrth agosáu
at ddrws y stafell nesa,
am fod Dad bellach yn cysgu lawr grisiau.

Yn ddiweddarach,
â llond y gegin o de cynhebrwng,
mae'r un bach yn dal i gyrchu
at ddrws y stafell nesa,
drwy goedwig coesau'r teulu
ac ambell 'o-bach' yn disgyn
fel deilen oddi uchod.

Hefo blaen ei dafod,
mae'n blasu anferthedd
gwacter lle bu dant,
tra'n mynnu tjecio'r
absenoldeb yn y stafell nesa …

Haenau

*(i Ian Rowlands, ar noson agoriadol cynhyrchiad
Llwyfan Gogledd Cymru o Blodeuwedd, Medi 2002)*

Mae gen i lyfr.

*(Hanner Octavo, 98tt
Gwasg Gee, argraffiad 1973)*

nodiadau pensil ar ymyl y ddalen
gan rywun arall
oedd yn digwydd bod yn fi ...

'Blodeuwedd; Saunders Lewis'

Fe'i lluniwyd gan ddau ddyn,
un yn ei flodau
a'r llall â'i waed ddim yn berwi 'run fath;
un o boptu'r Empire Games, a'r Blaid yn ei fol
a'r llall yn sgîl Nagasaki,
na wyddai pryd gai'i gysgod ei losgi ar balmant.

Nid oes yn ddiogel ond y funud hon ...

* * *

Dyw Blodeuwedd ddim megis llyfrau gosod eraill,
mae ynddi orfoledd peryglus,
'ie, bebi, ie!'
haleliwia mewn trwsus ysgol

mae ynddi rywioldeb bygythiol
rhaid wrth ŵr priod i sylwi ar beth fel yna
llinellau fel cusanau brwnt
dan gawod drom ei gwallt ...

a'r stori'n chwyldroadol
fileniwm a mwy yn ôl,
pan genhedlwyd Dewi trwy drais
i sbario diweirdeb Non
(o leia ddaru hi ddim mwynhau)

Yna, daeth Blodeuwedd
i blith y santesi silff ucha,
gan droedio'n noeth yn y gwlith
yn y llwydwawr ddi-dylluan

mae gwenwyn dy gusanau yn fy ngwaed

* * *

un ar ddeg gyda'r nos;
pantio'r bwrdd wrth wneud pwyntiau;
cwrw arall hefo'r cynhyrchydd;
GM; Louise Brown;

mynnaist blygu'r elfennau i foddio dy falchder

fy meiro ar gefn mat cwrw tamp,
a'r syniadau'n gwaedu fel tatŵ

* * *

mae'r testun yn aros 'run fath
ond yn ein hymateb mae'r ddrama;
a hwnnw, fel Gwydion, yn newid ei rith
o genhedlaeth i genhedlaeth

marciau pensil fel pinball ar y mesur pum ban,
glosau chwarter canrif oed
yn dal sbonc meddwl deunaw haf,
i'w ludo mewn arholiadau

a rhai geiriau na lwyddais i'w meddiannu eto
hyd yn oed wrth amleirio'n ganol oed,
pan fo siarad rhywiog yn gymaint o gic
â'r siarad rhywiol gynt,

mae gen i lyfr ...

* * *

a dwi'n cael fy molwasgu,
fesul teimlad, nes bod dim ar ôl;

bûm wallgo'n hir; nid wyf i wallgo mwy

ond mae heliwr dan siwt pob dinesydd ...

ac hefo'r hyn oll o brofiadau
wedi'u cynnull yn dynn amdana'i,

mae'r llyfr yn cau,
a'r llen yn agor ...

Cerddi Taith y saith Sant

(Yn 2002 bu saith bardd ar daith yn canu am yr hen saint canoloesol … ac am ambell un arall llai sanctaidd. Yng ngeiriau anthem y daith, '… mae pawb yn sant yn ei ffordd ei hun'. Daw'r bedair cerdd nesa o'r sioe.)

Ymson Dyfrig

(Tybir i Sant Dyfrig fyw rhwng 425 a 505. Ef oedd y cyntaf o seintiau'r Eglwys Geltaidd ac roedd yn byw yn Ergyng, am y ffin â'r Gymru gyfoes)

Mae'r ffiniau'n toddi:
yn ysgol yr esgobdy
poeraf ar lechen y pumed ganrif
cyn chwalu'r hen fapiau â llawes hen ŵr.

Gwelaf Ergyng
ar groesffordd dau gyfnod
a'r hen heolydd Rhufeinig
yn gwâdd fy nisgyblion
i encilio o'r byd;
ac eto wrth geisio ymalltudio
maen nhw'n lledu'r efengyl
o hyd ac o hyd!
Rhyfedd o fyd!

Tra bo'r trefi
fu'n cynnal y Gair
yn ymddadfeilio,
mae ffydd fy Saint
yn cerdded yn awr
gyda'r llwythau,
yn ffrwydro megis o'r hen ffynhonnau
ac mae'r llannau'n amlhau.

Derwyddon yr Arglwydd ydynt,
pob un ynghanol ei bobol
a bendith Duw, a melltith i'r gelyn
yn gymysg yn ei geg.

Bûm ym Mochros; bûm yn Henllan,
yn athro ar ddwy fil o wŷr;
bûm yn ordeinio dynion Illtud,
ac yn bwrw'r Grawys ar Ynys Bŷr ...

ac mi a welais nad oes 'methu'
fel gweld ein gwlad yn cael ei gorlethu.

Cenhadu
yw ein byd ni
yn awr.

(8.8.02)

87 o seintiau

*(i hogiau Friction Dynamex, fu'n cynnal eu piced dydd a nos
wrth ochr lôn, yn ystod eu streic 2001-2003)*

Mae'n dawel yma ...
mae'r bradwrs wedi sleifio
dros ben clawdd
rhag gorfod wynebu
cydwybod wrth y giât.

Yma mae'r hogia
yn codi llaw er mwyn cipio
sŵn y cyrn sy'n pasio
a'u tynnu o'r gwynt er mwyn gweu
cerddorfa o gefnogaeth gref,
nid pedwarawd llinynol
o gydymdeimlad llac.

Mae'n dawel yma ...
gyda'r nos,
hanner cyrff sydd o gwmpas coelcerth,
wyneba dygn yng ngolau'r tân
a'u cefnau'n toddi i'r tywyllwch,
fel y gwreichion sgwrs
am y cyfiawnder sy'n dod
cyn sicred â newid sifft

mae'n dawel yma ...
ond ni bydd dawel yfory.

Rhywle ar y lôn ...

rhywle ar y lôn i Dyddewi,

rhywle rhwng myth, a'r chweched ganrif;
rhywle rhwng pali'r dychymyg, a chwys brethyn y
pererinion;
rhywle rhwng tarmac heddiw a llwybrau ddoe,
lle roedd llwch eu cerdded wastad yn wyn;

rhywle rhwng llan a llan a'r cyfamod i'w cadw,
rhywle rhwng cariad at iaith a chariad at dir,
a pho fwya'r bygythiad i'r naill,
mwya'r ymdeimlad o sancteiddrwydd y llall;

rhywle rhwng cawod Fethodistaidd a glaw Batus go iawn,
rhywle rhwng boddi cynhaea hefo cwrw melyn,
a'r pnawnia noeth hefo'r Pinot Noir;
rhywle rhwng yr holl –isms rhywiol,
a chariad heb y labeli hyll,
gan gynnwys gariad at iaith;

rhywle rhyngom ni oll mae'r ateb,
rhywle ar y lôn i Dyddewi.

Drudwen

(er cof am y Welsh Mirror, a'u gohebydd cytbwys a goleuedig
Paul Starling a'n cyflwynodd i beryglon y "Festival of Fear
and Hatred" neu'r "Eisteddfod" fel y'i hadwaenid gynt)

Roedd Branwen mewn strach tua Werddon;
câi fonclust bob dydd, yr hen dlawd,
a gorfod diodda'n dawel
am nad oedd modd deud wrth ei brawd.

Roedd na ddrudwen yn dod yn blygeiniol
i'w gwylio yn dyrnu ei thoes,
yn gwared ei rhwystredigaethau
mewn byd oedd yn gymaint o loes.

Roedd y deryn yn dechrau'i chopïo
'Matholwch!' ... 'Matholwch- 'rhen ddiawl!'
ac felly y cafodd hi syniad
sut i gael ei hun allan o'r cawl.

Fe'i ddysgodd i adrodd ei chwedlau
ac yn wir cafodd gymaint o flas,
aeth i goleg newyddiadurwyr am fis
cyn mynd gam ymhellach â'i dasg!

O'r diwedd roedd popeth yn barod:
aeth ymaith ar adain y gwir
i adrodd gwae Branwen i'r Cymry
a gwneud y sefyllfa yn glir.

Ond pan ddaeth i lys Bendigeidfran
mi welodd ei lun yn y Drych
a chyn y gallai o edn-farhau
dechreuodd fihafio fel brych:

'Oi Bendy! Joo know vut yore sister
'angs out wiv some sepratist mick?
– an evil gunrunning genius
'oose also (obviously) fick?!'

'She drives a Fiesta of fear an 'ate
an wot really gets my goat–
she's gettin millions of public money
to force Welsh dahn yore froat!'

'_an she doesn get on wiv er usband
(she's probly a lezzer an all)
a racist, terrorist, nazi:
she should be shot against a wall!'

Roedd y cawr erbyn hyn 'di cael digon,
gwasgodd big fach y deryn yn dynn.
Ond yna daeth syniad gan Nisien
a'i awgrym oedd, rhywbeth fel hyn,

sef, beth am gael drudwen fel nawddsant?
Basa'n siwr o roi'n gwlad ar y map
hyd yn oed os yw pob sill ddaw o'i phig
yn llawn o lysnafedd a chrap ...

ond rhy hwyr, roedd Bendigeidfran
'di rhoi sgiwar drwy'i dîn celwyddog,
ac yn iwsio'r cwd bach fel cotton bud
i llnau ei glustiau blewog!

Felly hogia glew'r Welsh Mirror,
cymerwch hyn fel warning;
chwi wyddoch nawr i gyd pa fodd
y rhoed y 'pole' mewn 'starling'!

Jig – sô

Roedd David Beckham yn chwarae'n reit sâl
a hyder Man.U wedi'i chwalu
Doedd o ddim yn arwain fel dylai o 'neud ,
o gofio'r holl bres gaiff ei dalu.

Drannoeth y gêm, roedd y bos isio sgwrs ...
Dechreuodd yn dyner:

– 'Mm ... Becks?
Ydi popeth yn iawn rhyngddo chditha a Posh ...?
... ydi'r CD yn gwerthu fel slecs?'

– 'Mae popeth yn iawn ...'

– 'Wel, Brooklyn 'ta ... t'mod
... ydi'r hogyn 'chydig yn slo' ... ?'

– 'Na, mae Brooklyn yn iawn ... ond y broblem 'di hyn
... dwi methu â gorffen jig-so'

– 'JIG-SO?!!' ffrwydrodd Fergie, 'Ti'n cael rhyw gan mil
yr wythnos, a ti'n deud 'tha fi
mai chwarae fel nain ers pythefnos a mwy
ar gownt rhyw JIG-SO bach wyt ti?!!'

– 'Wel ... ie,' meddai Becks 'Ond mae'n jig-so mor neis –
ar y bocs, mae 'na lun del o deigar!'

– 'Olreit!' meddai Fergie, 'Jest tyd â fo mewn –
WNA' I helpu chdi orffen yr uffar!'

– 'O diolch yn dew,' meddai Becks wrth ei fos,
'Bydda'i rêl boi rôl gneud y jigsô!'

– 'Ie ... iawn' medda Fergie, 'y petha dwi'n neud
i stopio chdi 'chwara fel llo!'

Bora wedyn, roedd Becks yno'n brydlon am naw,
cyn i Fergie gyrraedd ei swyddfa,
yn taenu'r jig-so ar draws ddesg ei fos,
yn trio cael trefn ar ei ddarna.

Ac yna, daeth Fergie (– gath o ufflwn o sioc!)
cyn dweud wrth ei seren yn syn:
– 'Beckham, rho'r FROSTIES 'na 'nôl yn y bocs –
a g'leua hi o'ma 'wan hyn!'

Y Penderfyniad

Aeth pob enwogrwydd barddol drwy fy mysedd 'fath â 'slywan
felly ... newidis – i f'enw ... i Gerallt Lloyd Ywan.
Athrylith o syniad! Ac am wythnos neu ddwy
daeth gwahoddiadau darllen – a niceri – o bob plwy.

Ond at fy nrws daeth Gerallt ... Gyda'i fwyall ... (nid y chwip)
rôn i'n ofni baswn-i'n cysgu gyda'r beirdd talcen slip,
gyda phaladr englyn yn fy nghefn, neu gerddi concrit am fy nhraed
... ond pan lefarodd Gerallt, doedd o ddim am fy ngwaed.

– 'Petaet ti'n fodlon gwneud rhyw ffafr *fach* yn ddiymdroi ...'
– 'Ga'i faddeuant?!'
– 'Na ... cei fywyd newydd fel gyrrwr bws Caelloi ...
Mae 'na fardd sydd ar ei hôl hi â'r taliadau ar ei awen ...
Sdim angen torri'i goesau ... jest *sugna* ei gystrawen ...
mae fy nulliau disgyblu yn ddomestig ... ond annifyr ...
Hwfra fo, Ifor!! ... ond gwna fo'n fyrfyfyr!!'

– 'Iawn ... ond pwy 'di'r bardd 'ta?'
– 'Neb llai na Myrddin ap.'
– 'Ond sut wnawn i ddal o?!'
– 'Bydd rhaid cael "honey trap' ...
   Dywedwn fod Lovgreen wedi'i hudo fo i ddawns;
ac wedyn fydd gan yr heddlu (na thîm Tir Mawr) ddim siawns'

A dyna wnes ... ond cofiwch, cyn fy nghollfarnu yn rhy chwim ...
gyda'r Talwrn, 'fath â'r Maffia, chei di fyth ddeg marc am ddim.

Gymkhana

(Y Bala, 2009)

Ar nos Sul y Steddfod yr es-i,
i geisio cael bwrdd mewn lle ffansi;
a synnu gweld nad oedd y lle dan ei sang,
doedd yno fawr neb, 'mond ninna a'n giang.

Holais y perchennog, pam fod hyn,
ac atebodd yntau yn eitha syn;
'The place was heaving an hour ago,
then your lot went to the gymkhana, y'know'

Dychmygais ferlod mewn pedwar llais;
yn gweryru emynau, cyn troi at y Sais
a dweud, (gan geisio cadw'n 'cool')
'Gymanfa' nid 'gymkhana' 'r ffŵl!

Galwad

'dring dring' …
yna, 'dwi ar drên!'

Rhegaf a mynd i 'nghragen,

wrth i'r hy' wasgaru sgwrs
y dwthwn i'w gyd-deithiwrs.

'O! Afiach! … A fi hefyd! …
Faint gath o? … dwim 'bo! … dim byd?!'

Hefo hwn, gwn am ei gi,
ei gariad, a'i hoff gyri …

A phawb am ddianc ar ffo
rhag y gwichian a'r gwawchio!

Twnel ddaw; a dwi'n llawen …
Yna: 'dring dring': 'dwi ar drên!'

Penblwydd Hapus, Steddfod yr Urdd 2009

Dyw Steddfod yr Urdd ddim yn wyth deg oed;
fydd 'na ddim tynnu staes cyn canu cerdd dant
na defnyddio pulpud yn y dawnsio disgo chwaith.

Dyw Steddfod yr Urdd ddim yn wyth deg oed;
fydd dim olwynion ar gadair y bardd,
dim angen ffon i gyrraedd y llwyfan,
na dannedd gosod yn hedfan
ar ganol y gân actol.

Dyw Steddfod yr Urdd ddim yn wyth deg oed;
er bod hi'n fwy na'r Olympics,
yn brofiad o'r iaith i bawb o'n tir
waeth beth yw iaith eu cynefin,
yn cyrraedd cyrrau eithaf ein gwlad,
o Droed y Shane i Ben y Duffy,
gan roi miloedd o enwau eraill ar ein map.

Dyw Steddfod yr Urdd ddim yn wyth deg oed;
mae'n fythol wyrdd (a choch a gwyn)
yn cofleidio'r newydd bob tro,
gan feiddio ailddyfeisio'i hun
(heb neb i esbonio
sut mae setio'r fideo)

Dyw Steddfod yr Urdd ddim yn wyth deg oed;
dyw Steddfod yr Urdd ddim yn wyth deg oed;
mae'n dal yn ifanc o hyd.

Golau yn y gwyll

(i T. Llew Jones,
bardd plant cyntaf a mwyaf Cymru, 1915-2009)

Gwelsom cyn hyn ganhwyllau'r rhai hŷn,
fel tyllau llachar yn nhywyllwch y llan
yn gwâdd goleuni o'r tu draw.

A gwelsom y rhai iau mewn cyngerdd hwyr
yn eglwysig gyda'u leitars,
yn patrymu'r nos a'u hangerdd.

Ond heno yn llofftydd plant ein gwlad
gwelwn ddillad gwely'n fryniau dirgel
a gwawl od yn dianc dan y plancedi

Pe mentrem i grombil
y siambrau arallfydol hyn,
caem ymhob un
blentyn yng nghroth dychymyg;
bennau gliniau dan ei ên
a thortsh wrth ei drwyn
wedi ymgolli'n llwyr
yn llyfr T. Llew.

Ym Mhontgarreg,
mae ffenest y meistr yn dywyll mwy;
ond yn llofftydd Cymru heno
mae defod anfwriadol y plant
yn dyst i'w barhad,
ac mae goleuni eu Gwydion
yn dal i ffrydio mewn
o'r tu draw …

i Twm Morys

*(guedy ennill ohonaw
y genedylyaethawl gadeir,
Meifod 2003)*

Bu hir dy gysgod dros y gadair hon
a darogan gwlad yn troi'n diwn gron ...

Eithr onid hir pob cysgod o werth,
pan fo haul prynhawn ein hiaith
ar fin suddo'n dân i'r berth?

Rhai yn unig all nesu
at lygad ei goleuni
heb grino gerbron
ei thanbeidrwydd llachar

Rhai yn unig all ymgyffwrdd
â'i hangerdd gwaetgoch
heb orfod ei thymheru
â lleuad oerfain iaith arall

Rhai yn unig sy'n gallu
bwrw'r cysgodion
hwyaf, cliriaf, duaf

Plant Taliesin yw'r rhain
yn peintio gyda goleuni,

yn cusanu'r tir â'u cysgodion,
eu stumio'n sgwarnog ac eog,
dryw bach a hedyn;
awdl a chywydd
triban a phennill telyn;
er gwasanaeth ein gwareiddiad,
at iws gwlad ...

Bu hir dy gysgod dros y gadair hon?
Y beirdd ddywedant na bu ...

Y cysgod hir sydd ddyfnaf ei ôl
ar glawr a chân a chwedl;
a'th gysgod di
a'th orseddodd eisoes
yn nychymyg diolchgar dy genedl ...

Sgwad sgwennu Blaenau'r Cymoedd

(12.7.08)

Eu dawn yw creu odlau dur
â morthwyl awen Merthyr

Duffydil

*(enwyd math newydd o gennin Pedr
ar ôl y gantores wych o Nefyn)*

Hi yw'r petalau melyn cwta,
yn siglo'n awgrymog
uwch coesyn siapus;

mae'n ddiniwed o wyllt;
a chanddi'n goron ar y cyfan,
gorn o lais a chyfoeth o liw;

llais sydd â graean chwarel Gwylwyr;
llais sydd â llif ac angerdd
dyfnderoedd Porth Dinllaen ...

llais unigrwydd
crac mewn pafin
Warwick Avenue ...

    * * *

Hi yw'r blodyn unigryw,
mor debyg i'r lliaws,
ond y hi sy'n lleisio'u hing,

yn cyffwrdd miloedd
â melyn ei symlrwydd,
ag aur ei hathrylith …

       * * *

Achos hi yw'r gwytnwch ddaw i'r golwg
yn wylaidd wedi'r hirlwm;
a hi yw'r gân annisgwyl
ddaw â'r gwanwyn yn ei sgil ...

Cân (newydd) yr Arad Goch

Ar achlysur agor eu canolfan newydd 5.7.08

(Bûm yn gweithio am gyfnod yn yr un maes a dwi'n edmyg-
wr mawr o waith tawel y cwmniau theatr mewn addysg)

... 'Os hoffech wybod sut mae dyn fel fi yn byw' ...

Bûm gynt yn yrrwr fan, yn helcyd fflatia,
bûm ddwrgi, sgriptiwr, capten y Mimosa,
yn newid weithiau mewn toileda

Bûm gynt yn hebrwng plant
yn gegrwth tua'r sêr ...
A chofiaf y diwrnod blêr hwnnw
y daeth asteroid i'n llong ofod
(sef gofalwr hanner pan
a roes siwgr ar ein bybls
drwy fynnu 'can you move yer van?')

... 'Mi ddysgais gan fy nhad grefft gynnar dynolryw'

... a dysgais fod theatr
fel dwyn car,
fel firws,

llwydni llachar
yn coloneiddio gofod annisgwyl,
yn mynnu maddeuant yn lle gofyn caniatâd.

Mae'n daith drwy'r nos, siapiau'n ymrithio o'r gwyll,
dafad ar fys sy'n mynnu cael ei sugno
Taliesin lesol sy'n agor drysau

'… dwi'n gorwedd gyda'r hwyr ac yn codi gyda'r wawr'

Ac hyd heddiw,
mae'r tai'n dal i nofio fyny o'r tywyllwch
wrth i'r fan ddod yn blygeiniol dros y bryn i'r dre …
Mae'r perfformiad fel haul
yn dal i hawlio ymateb,
yr hen lesmeiriol ystrydeb

'Ew, mae'r rhain yn dalcan calad
yn dweud dim fel arfar,
dwnim sut gawsoch ymateb o gwbwl
a hynny gan y rhai mwya annisgwl –
diolch i chi am ddod!'

Pacio fan a mynd,
wedi rhannu rhywbeth …

'… Yn dilyn yr og ar ochr y glog …'

Felly, hir oes i hyn;
trawsffurfiwch y neuaddau ysgol afrosgo trwm,
mor foel asgetig â'u rheiddiaduron
a'u harwyddion allanfa dân;

bugeiliwch sylw crwydrol ein plant,
eu dyrchafu o'r meinciau isel
a'u tywys o fyd y seti stacio at lwyfannau'r dychymyg ...

A thrawsffurfiwch y mans a'r festri hwn,
fel bod waliau brics yr Inglis Cos,
yn partneru â ieithoedd newydd,
yn ail gofleidio'r gymuned yn Gymraeg,
dwndwr ei dawnswyr, synnwyr ei throseddwyr
peintwyr goleuni y sgrin fawr,
a'r sawl sydd am droedio ar lwyfan awr

'... A chanlyn yr arad goch at ben y mynydd mawr.'

Cyfieithiadau

(Cyfieithiad o Aistriúcháin gan Gearóid mac Lochlainn)

'Mae'r weithred o farddoni yn weithred o wrthryfel' –
Hartnett

Chewch chi'm cyfieithiada gin i heno, gyfeillion;
chyma'i mo 'nhrosi, 'nhrawsnewid na 'nglastwreiddio
gan ddŵr pigog yr iaith fain,
sy'n troi gwin coch fy ngherddi
yn lemonêd llawn swigod.
Deud y gwir – pam dwi yma o gwbwl?

Ai dyma 'di'r ffasiwn diweddara?
Darlleniadia dwyieithog? *Poitri* yn y Wyddeleg?
Ai dyma arwydd fod petha'n troi?
Fedra'i'm deud, wir,
ond weithia mae dyn yn blino
ar gosi clustia diog ei gydwladwyr,
yr unieithog rai sy'n deud yn smỳg i gyd:
'It sounds lovely. I wish I had the Irish.
Don't you do translations?'

Nhwtha'n sbio arna'i'n llygadrwth,
fel 'tawn i'n dderyn diarth
yn gwneud iddyn nhw deimlo'n annifyr,
a nhwtha'n falch o weld Sais o fardd ar fy ôl
hefo'i straeon doniol
i sadio'r noson wedi'r fath snag.

'Ma fo rwan, ger ein bron,
yn traethu am 'café culture' a 'Seamus'.
Dyma fo, er mwyn profi iddyn nhw
bod nhw'n eangfrydig a diwylliedig
bod nhw'n deall y darlun mawr,
bod nhw'n deall barddoniaeth.
'Ma fo rwan

A minna'n fy niflastod
'ben fy hun yn y gongol,
yn rhythu'n eiddigeddus,
yn chwil gaib ar win coch fy ngherddi,

fy ngherddi Gwyddeleg
na ddeallodd neb

Deinosôr

(2002)

Caru'r iaith a wna byd crwn – o 'myd i,
 ond mae dweud na allwn
  fyw heb ei siarad, fe wn,
  yn affwysol hen ffasiwn ...

Cwrteisio

(gyda diolch i Gearóid mac Lochlainn)

Myfi yw'r iaith,
yn dal i loncian
drwy strydoedd culion ein tref fach ni,
lle bu'r haul yn llachar aeafu
a'i golau'n galed fel aspirin ...

Heno mae'r talpiau tarmac
sy'n arafu traffig
yn troi pelydrau'r ceir yn llambidyddiols,
yn neidio nofio rhwng terasau'r nos.

Myfi yw'r iaith yn rhedeg wrth eu hymyl
yn drwmdroed ddeugeinoed,
yn mwynhau'r use-it-or-lose-it chwysffitrwydd
a'r poer fel rhuban o fy ngheg
yn diflannu i'r gwyll

Myfi yw'r iaith,
yn hedfan fel rhuban o'n cegau oll,
ar ôl iddi dywyllu,
rhag aflonyddu;
a phurdeb ei phoeri heb ei arddel liw dydd
am inni gwrteisio,
cwrteisio dros Gymru,

Arhosaf cyn croesi;
gadael i'r ceir basio, gadael i'r ceir basio,
gadael i ragor o blydi geir basio,
yn lle chwifio breichiau
a mynnu eu stopio.

Myfi yw'r iaith,
yn torri cwys unig drwy strydoedd y nos
yn rhedeg rhagof yn hamddenol ar fy hynt,
rhag serio fy sgyfaint ag oerni'r gwynt
sy'n rhagfynegi fy nhranc fy hun,
yn siarad megis â fi fy hun

Myfi yw'r iaith …
ac ymdreisio yw hyn o fodolaeth;
dwi'n cwrteisio fy hun i farwolaeth.

Y pumed haul

(Yn ôl y Cyfrifiad roedd bob yn ail Gymro'n siarad yr iaith nôl yn 1901. Gan mlynedd yn ddiweddarach dim ond un ymhob pump sydd.)

... mae pedwar haul o fy mlaen
yn fy nrysu â'u nadreddu,
a'u mireinder magnesiwm bob tro yn fy nallu
wrth deithio'n gwlad drachefn a thrachefn

... mae pedwar haul o fy mlaen,
maen nhw'n sboncio fel mwclis trwy gosmos fy mro
a minnau mewn Morris Minor o iaith,
yn siarad ar fy nghyfer,
yn gweiddi'r injan yn ofer
cyn methu unwaith eto'u
goddiweddyd cyn y tro ...

Fi yw'r pumed haul,
mae'r sglein wedi niwlio
ac mae rhwd wedi pantio'r enaid, do
ond gwn fod modd ei wneud o ...
magu gwib a phasio,

a thrwy hynny, llyncu'r pedwar haul yn ôl
eu bwrw o'n llygaid ni oll, chi'n dallt ...
Ail godwn! Haul oddiweddwn!
Ond 'gynta
rhaid dewis yr allt ...

Siom

(er cof am Lowri Gwilym)

Neithiwr yn Aberystwyth,
codais ffenest y gwesty
er mwyn rhannu'r noson
â hen rwnan y môr y tu draw i'r prom,
yn sugno cerrig drwy ddannedd ei donnau,
y llanw yn troi
a'r lleuad yn ei lywio.

Agorais yr amlen a gawswn gan dy weddw,
anwylo'r papur a dechrau darllen dy waith
sy'n fyw-farw, fel cudyn o wallt rhwng cloriau llyfr,

a chlywn dy lais drachefn, yn gymysg â'r môr;
geiriau'r mynydd wedi hwsmona'n ofalus;
profiadau'r ddinas yng nghorlannau dy gerddi.

A rhannwn breifatrwydd y creu,
dy lawysgrifen yn cyrlio cywiriadau brwd
o gwmpas y teipysgrif, ail fyw dy syniadau,

cyn deffro dan olau trydan yr oriau mân
yn nofio mewn cerddi,
yn boddi mewn absenoldeb
a'r môr wedi cilio ar hyd y traeth.

Cyfeillgarwch

(28.5.10)

Ai hyn sy'n dod ohonom? – Ai celwydd
    fu'r cwlwm amdanom?
  Nid oes iaith all ddweud y siom,
  a'r angau'n gyllell rhyngom.

Cwmni

(i Geraint, Nows a Gwil: Mehefin 2010)

Gyda'r machlud yn glais uwch yr Eagles,
dyna'r noson gynta
inni ganu hebot ti.

Dan oleuadau a ddiferai
yn lliwiau anwadal o'r to,
roedd merched mewn ffrogiau clybio

ar eu ffordd stileto i'r Dre,
a gwragedd a'u gwŷr mewn crysau glân
yn crŵnio karaoke o'u seti,

a phawb yn gwybod geiriau 'Dan ni yma o hyd',
ond roedd bwlch yn y rhengoedd
a'r gân yn gelwydd i gyd.

Ac aethom ragom, o dafarn i dafarn,
a sŵn 'yr angylion yn hedfan heibio'
yn mynnu bylchu pob sgwrs.

Dro ar ôl tro,
a ninnau'n mud wylio
Guinness arall yn setlo,

ceisiasom gofio trydan dy awen,
yn llosgi'n llachar yn seiadau'r nos,
cyn pylu'n annhymig yn llwyd y wawr …

Ond wrth faglu i'r bore
a'r gwylanod yn gymanfa gwatwarwyr
uwch ein pennau,

roedd dy gân unwaith eto
yn rhuban yn y gwynt,
dy chwerthin yn atsain drwy'r strydoedd gwag,

a'th gerdd yn awyren fry,
yn sgriff wen ar las y bore newydd,
yn daith sy'n ein galw o hyd.

Y Waliau'n Canu

(4.8.10)

Er dewis pob gair â gofal waliwr,
eu gosod yn bennau cŵn
neu'n bwyth drwodd,
eu pacio'n dynn
fel uwd ym mol y gerdd,

pa les i fardd ei darllen wedyn
mor ryddmig soporiffig â wal frics
a diwedd pob llinell yn hongian
yn annisgwyl fel hannar bricsan;
wedi gwyngalchu'r lliw o'r llais?

Nid felly Iwan;
enghreifftiodd ei grefft
dros gyfanfor a chyfandir,
canodd yn gyfysgwydd â beirdd sawl iaith,
ac roedd lliw y darllen yn rhan o'i lais.
weithiau'n sibrwd o fôn clawdd,
weithiau'n taranu fel Tŵr yr Eryr,
yn troi'r enwau yn ei geg,
yn anwylo'r ansoddair
oedd yn faen clo i'w gerdd.

Mae ei waith yn cerdded y bryniau o hyd;
yn diffinio strydoedd y ddinas;
ond mae'i lais yn dal i'n llorio.

Ddoe'n y Babell Lên,
o'i glywed yn diasbedain
yng nghynteddau gwag y cof,
roedd y waliau'n canu.

Llwnc-destun i'r llanc distaw

(Cinio Nadolig y beirdd, Rhagfyr 2010)

Mae un sy ddim yma heno – a chwerw
    yw pob chwarae hebddo;
    ond rhown, bob un yn ei dro,
    win i'w gyfarch a'i gofio.

Cwch Gwenyn

(Comisiynwyd gan S4C i ddathlu'r 'Brŵs',
geiriadur gorchestol Bruce Griffiths (a Dafydd Glyn Jones!)
Perfformiwyd gynta gyda'r Genod Droog
yng nghyngerdd Canrif y Llyfr Ebrill 2006)

Ceisia'r Brŵs
i agor sawl drws ...

beehive noun masculine; cwch gwenyn, cychod gwenyn;
(South west Wales occasionally) (made of straw) costen
wenyn; (South Wales occasionally) llester, llestri gwenyn,
cwb, cybe gwenyn

Hwn yw cwch gwenyn yr iaith,
lle mae'r sŵn gwyn yn magu ystyr
a lle mae ystyron yn ystwyrian;
pora'n sydyn drwy'r papurau sidan ...

buzz noun; su, suon; (of bee etc) grwn (masculine) grwnan
(verbnoun); feel the buzz; ias, teimlo'r ias

byddai 'Nhaid yn stwffio
godre llodre ei iaith ddiledryw
i'w sannau ei hun,
cyn codi'r crwybrau, o suo chwyrn y cwch;

ei lais fel mêl yn tawelu'r miloedd
ei fynegiant yn ddi-fenyg
i gael teimlo'r geiriau
– heb ofni eu colyn;

mor wahanol i nghenhedlaeth i,
sydd angen mwg ail iaith i leddfu'r
fyddin felyn a du

sting verb transitive and intransitive (of bee, nettle etc) pigo;
(literary) colynnu; (North East Wales) colio; (South East
Wales) sbarcho

enwi
yw perchnogi
a'r perchnogi'n ein harfogi
… a'r arfogi'n ein calonogi.
Daw cannoedd o filoedd i'r Brŵs i fela;
'lleufer dyn yw llyfr da'

honey mêl, (noun masculine); to gather honey, casglu, hel
mêl; (Lit. occ.) mela

Yn y llyfr hwn
mae 'na daith sy'n ein dwyn
yn ôl at eiriau arwyr Catraeth
'glasfedd eu hancwyn';

ond meddwi gwahanol sydd yn y gyfrol hon,
a'i ferw o fyrfoddau
sy'n fap drwy'r iaith, ei thrwst a'i ffrwst,
Gododdin newydd o eiriau,

a'i sŵn yn ias ynom
yn rhan annatod ohonom;
felly, bloeddiwn a chableddwn,
mai ni yw'r geiriau yn awr,
mai ni yw'r geiriau yn awr …